PIANO | VOCAL | GUITAR

DEMI LOVATO
DEMI

ISBN 978-1-4803-6442-4

SEVEN PEAKS MUSIC

DISTRIBUTED BY

HAL•LEONARD®
CORPORATION
7777 W. BLUEMOUND RD. P.O. BOX 13819 MILWAUKEE, WI 53213

Visit Hal Leonard Online at
www.halleonard.com

CONTENTS

HEART ATTACK

Words and Music by DEMI LOVATO, JASON EVIGAN,
MITCH ALLAN, AARON PHILLIPS, SEAN DOUGLAS
and NIKKI WILLIAMS

MADE IN THE USA

Words and Music by DEMI LOVATO, JONAS JEBERG,
JASON EVIGAN, COREY CHORUS
and BLAIR PERKINS

Moderate Pop Rock

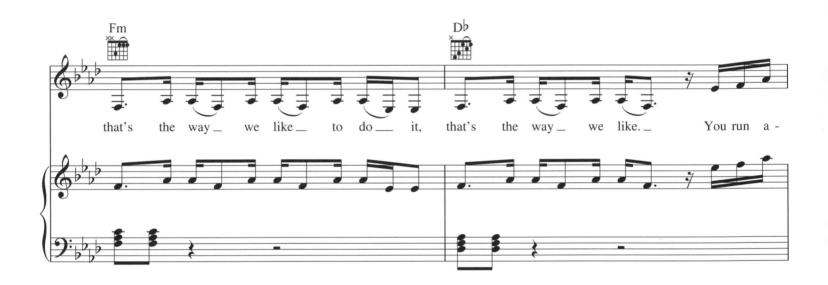

Our love runs deep like a Chev-y. If you fall, I'll fall with you, ba-by. 'Cause that's the way_ we like_ to do _ it, that's the way_ we like._ You run a-

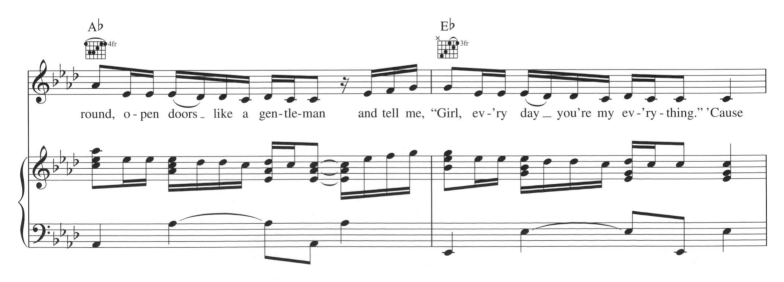

round, o-pen doors_ like a gen-tle-man and tell me, "Girl, ev-'ry day_ you're my ev-'ry-thing." 'Cause

WITHOUT THE LOVE

Words and Music by DEMI LOVATO,
MATT SQUIRE, ROY BATTLE
and FREDDY WEXLER

NEON LIGHTS

Words and Music by DEMI LOVATO, RYAN TEDDER,
NOEL ZANCANELLA, MARIO MARCHETTI
and TIFFANY VARTANYAN

Driving, with energy

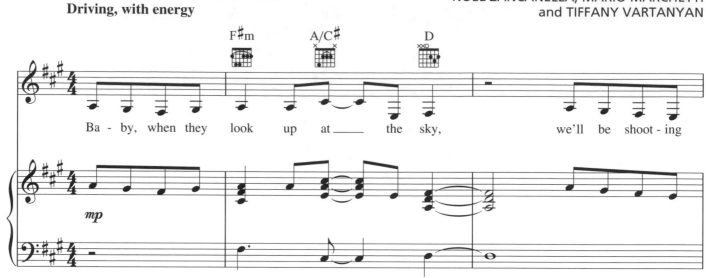

Ba - by, when they look up at ___ the sky, we'll be shoot - ing

stars just pass - ing by. You'll be com - ing home with me ___ to - night,

we'll be burn - ing up like ne - on lights. ___

TWO PIECES

Words and Music by JASON EVIGAN,
MITCHELL ALLAN SCHERR and OLIVIA WAITHE

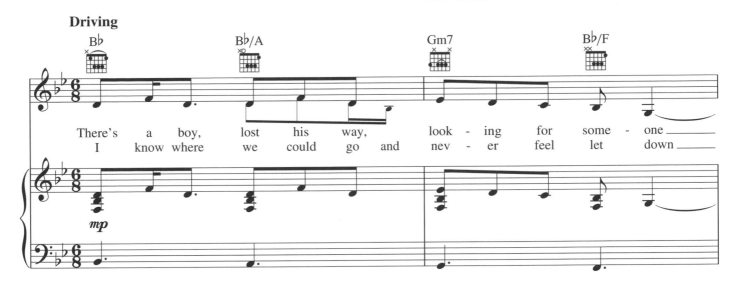

There's a boy, lost his way, look-ing for some-one _____
I know where we could go and nev-er feel let down _____

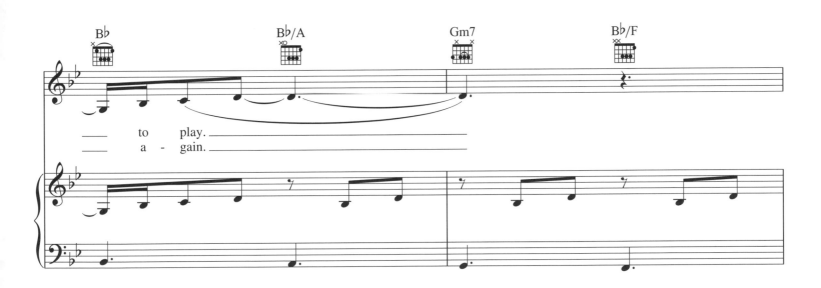

_____ to play. _____
_____ a - gain. _____

There's a girl in the win-dow, _____ tears roll-ing down her _____
We could build sand-cas-tles, I'll _____ be the queen, you'll be my _____

NIGHTINGALE

Words and Music by DEMI LOVATO,
FELICIA BARTON, ANNE PREVEN
and MATT RADOSEVICH

I can't

sleep to-night, wide a-wake and so___ con-fused.___ Ev-'ry-
speak to me, 'cause I'm feel-ing___ like hell.___ Need you to

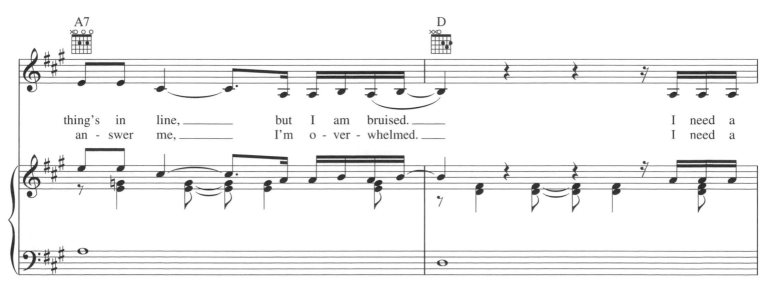

thing's in line,___ but I am bruised.___ I need a
an-swer me,___ I'm o-ver-whelmed.___ I need a

Can you be my night-in-gale? __

Sing to _____ me, I know you're there. __

You could be _____ my sa-ni-ty, _____ bring me peace, __ sing me to sleep. __

Say you'll _____ be my night-in-gale. __ Some-bod-y

night-in-gale. __ I don't know what I'd do with-out __ you, _____ your words are like a

whis-per come _ through. __ As long as you are with me here _ to-night, __ I'm good. __

Can you be my

night-in-gale? __ Still, so _____ close, _____ I

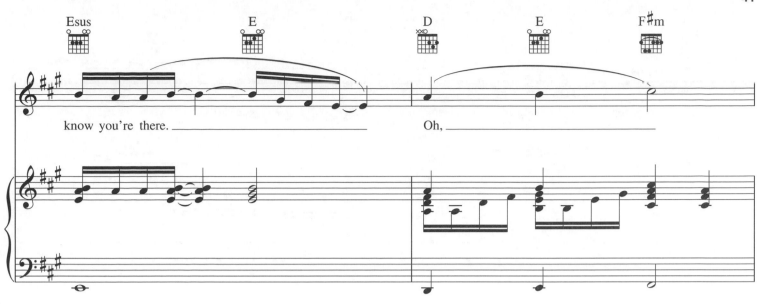

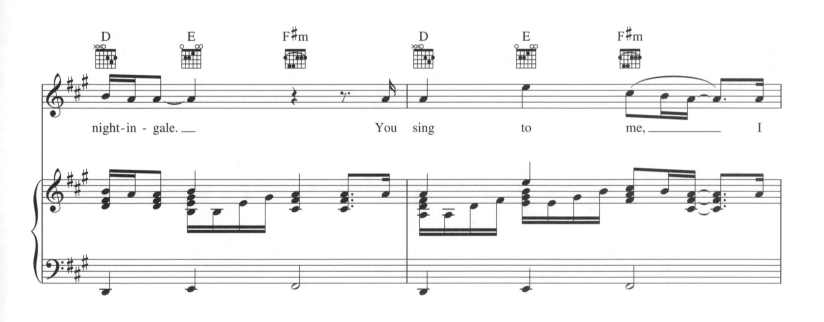

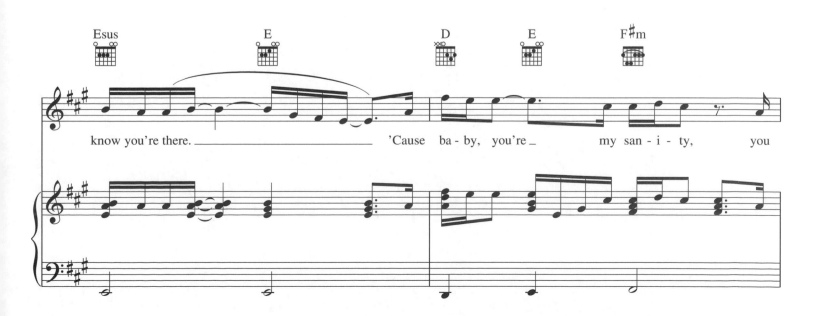

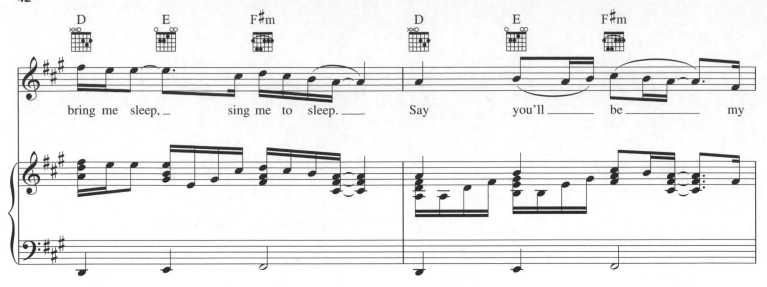

bring me sleep, __ sing me to sleep. ___ Say you'll _____ be _____ my

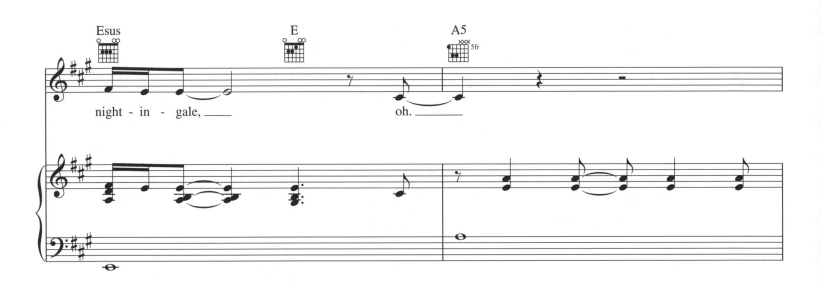

night - in - gale, ____ oh. _____

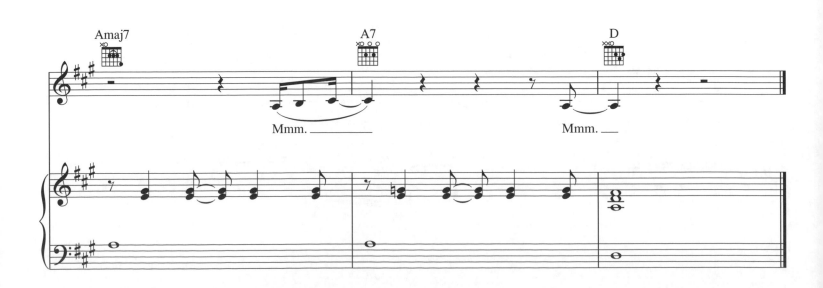

Mmm. _____ Mmm. ___

IN CASE

Words and Music by PRISCILLA RENEA
and EMANUEL KIRIAKOU

Moderate Piano Ballad

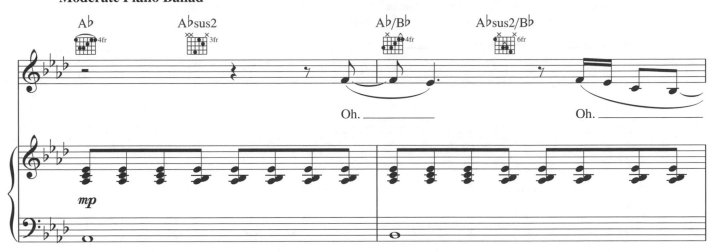

Oh. _____   Oh. _____

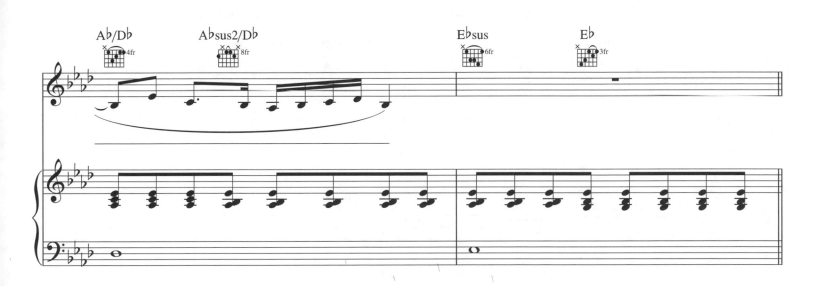

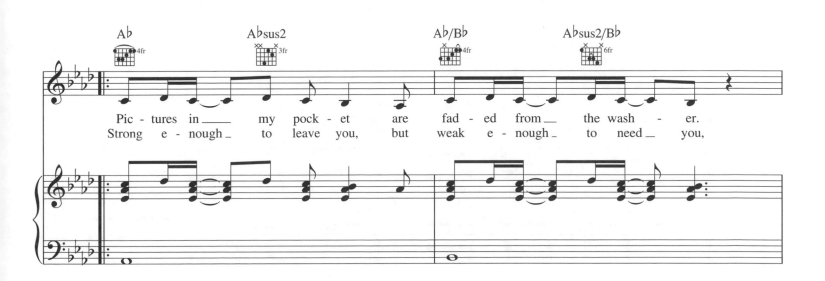

Pic - tures in ____ my pock - et are fad - ed from __ the wash - er.
Strong e - nough ____ to leave you, but weak e - nough __ to need __ you,

I'll be wait-ing here. In case ____ you just want to come home, __

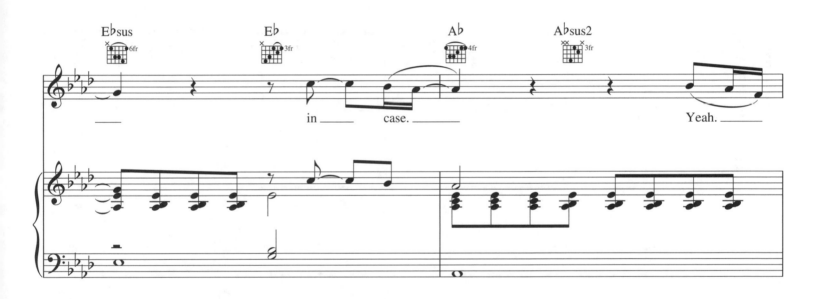

____ in ____ case. _____ Yeah. _____

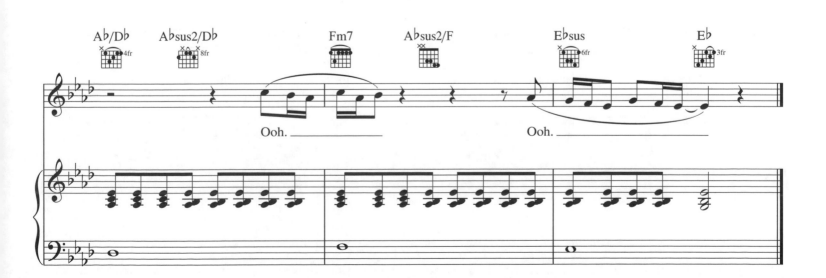

Ooh. _____ Ooh. _____

REALLY DON'T CARE

Words and Music by DEMI LOVATO,
SAVAN KOTECHA, CARL FALK, RAMI YACOUB
and CHER LLOYD

Energetic Pop

You want to play, you want to stay, you want to have it all. ___
I can't be - lieve I ev - er stayed up writ - ing songs a - bout ___ you.

You start - ed mess - ing with my head un - til I hit a wall. ___
You don't de - serve to know the way I used to think a - bout ___ you.

May - be I should have known, ___ may - be I should have known ___
Oh, no, not an - y - more, ___ oh, no, not an - y - more. ___

G   C   Em

Sec-ond guess-ing, but should have hit that. Hey, De-mi, you picked the wrong lov-er, you

should have picked that one, he's cu-ter than the oth-er.

C

I just want to laugh, 'cause you're try'n' to be a hip-ster.

N.C.

Kick it to the curb, take a po-la-roid pic-ture. But e-ven if the

FIRE STARTER

Words and Music by JARRAD ROGERS,
LINDY ROBBINS and JULIA MICHAELS

Driving Pop

There's an 'S' ___ un- der ___ my clothes, ___

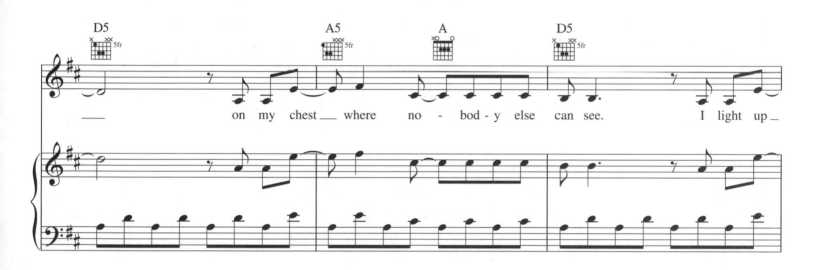

___ on my chest ___ where no - bod- y else can see. I light up ___

___ when the doors ___ are closed, ___ I am free, ___ yeah. ___

SOMETHING THAT WE'RE NOT

Words and Music by DEMI LOVATO,
SAVAN KOTECHA, ANDREW GOLDSTEIN
and EMANUEL KIRIAKOU

Pop Rock

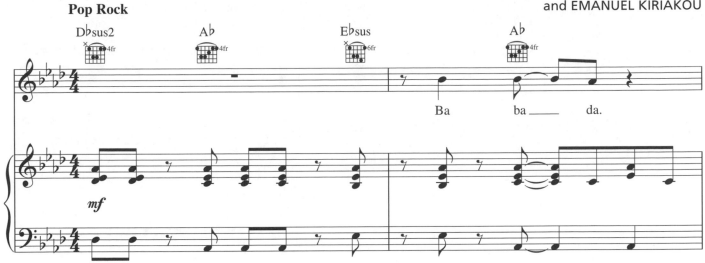

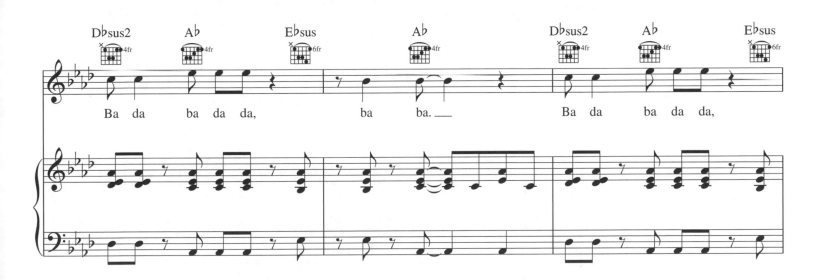

NEVER BEEN HURT

Words and Music by DEMI LOVATO, JASON EVIGAN,
JORDAN JOHNSON, MARCUS LOMAX,
ALI TAMPOSI and STEFAN JOHNSON

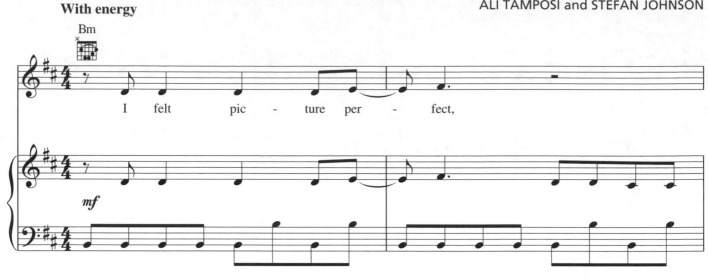

Nev - er ___ been hurt. ___

To Coda

I will love you and for - ev - er, I will love you

SHOULDN'T COME BACK

Words and Music by DEMI LOVATO,
CARL FALK, RAMI YACOUB
and SAVAN KOTECHA

WARRIOR

Words and Music by DEMI LOVATO,
LINDY ROBBINS, ANDREW GOLDSTEIN
and EMANUEL KIRIAKOU

Piano Ballad

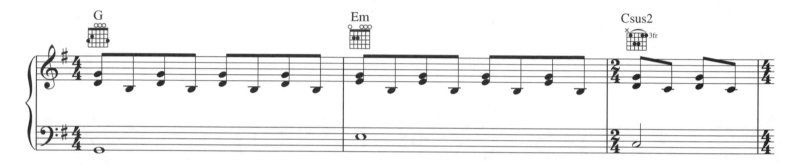

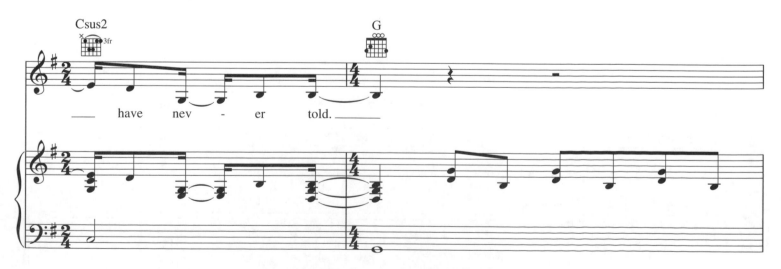

This is a sto - ry ___ that I ___ ___ have nev - er told. ___

You can save your a-pol - o - gies, you're noth-ing but a li - ar.

I've got shame, I've got scars that I will nev - er show. I'm a sur - vi-

D.S. al Coda

- vor in more ways than you know. 'Cause all the pain

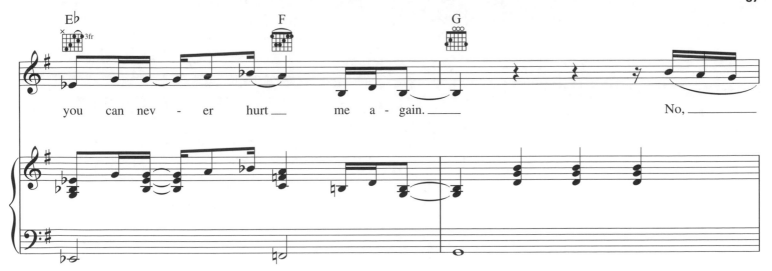

you can nev - er hurt __ me a - gain. __ No, __

__ ooh, __ yeah, __ yeah, __ yeah. __

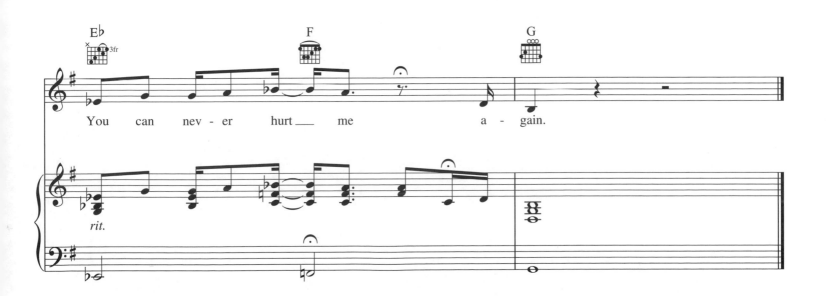

You can nev - er hurt __ me a - gain.